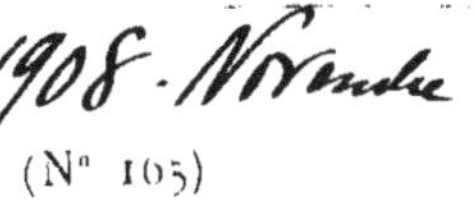

Ventes des Vendredi 27 et Samedi 28 Novembre 1908

HOTEL DROUOT — SALLE N° 10

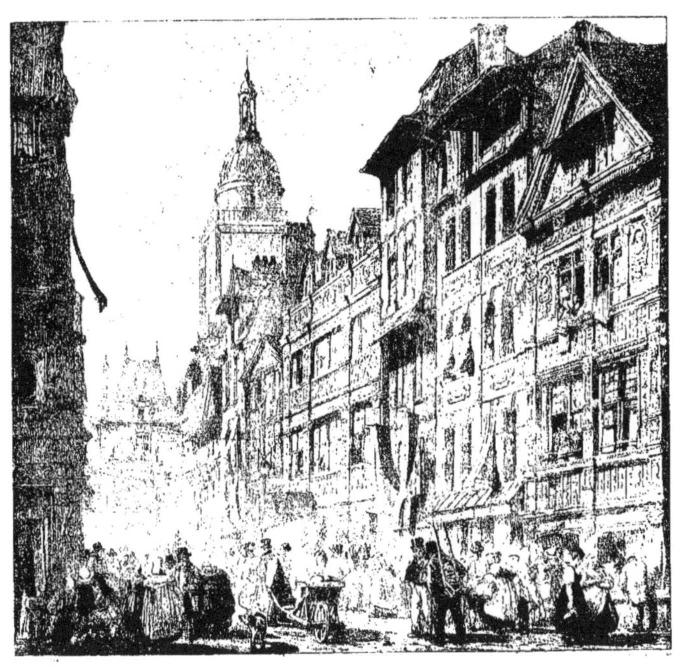

N° 13 du Catalogue.

ESTAMPES

ANCIENNES & MODERNES

DESSINS

Mᵉ ANDRÉ DESVOUGES
26, Rue de la Grange-Batelière

M. LOYS DELTEIL
2, Rue des Beaux-Arts

IMPRIMERIE FRAZIER-SOYE

153-157, RUE MONTMARTRE

PARIS

CATALOGUE

DES

ESTAMPES

ANCIENNES & MODERNES

ET DES

DESSINS

———

Dont la vente aura lieu

à Paris, HOTEL DROUOT, Salle N° 10

Les Vendredi 27 et Samedi 28 Novembre 1908

à 2 heures précises

———

Par le Ministère de M° ANDRÉ DESVOUGES,

Successeur de M° MAURICE DELESTRE

COMMISSAIRE-PRISEUR

26, Rue de la Grange-Batelière

Assisté de M. LOYS DELTEIL, Artiste-Graveur, Expert

2, Rue des Beaux-Arts

CONDITIONS DE LA VENTE

Elle sera faite au comptant.

Les adjudicataires paieront *dix pour cent* en sus des enchères.

M. LOYS DELTEIL remplira les commissions que voudront bien lui confier les amateurs ne pouvant y assister.

MM. les amateurs pourront visiter la collection, 2, *rue des Beaux-Arts*, du Lundi 23 au Jeudi 26 Novembre 1908, de 2 heures à 5 heures.

Le Peintre-Graveur Illustré

(XIXᵉ & XXᵉ SIÈCLES)
par LOYS DELTEIL

OUVRAGE HONORÉ D'UNE SOUSCRIPTION DU MINISTÈRE DE L'INSTRUCTION PUBLIQUE
ET DES BEAUX-ARTS

TOME Iᵉʳ. — MILLET, ROUSSEAU, DUPRÉ, JONGKIND,
Épuisé.

TOME II — CH. MERYON . . . . . . **25** fr. et **20** fr.

TOME III — INGRES — EUG. DELACROIX

45 Exemplaires de luxe (*presque épuisés*) . . . . **50** francs
300   —   . . . . **25** —
100   —   (sans l'eau-forte de Delacroix) . . . . . . **20** —

POUR PARAITRE LE 18 FÉVRIER 1909 :

TOME IV consacré à ANDERS ZORN

et contenant la biographie du Maître,
le Catalogue raisonné de son œuvre gravé, et le fac-similé
de TOUTES les pièces décrites.

1 volume in-4°, d'environ 260 pages, contenant environ 230 fac-similé et
une eau-forte originale d'ANDERS ZORN, le PORTRAIT DU SÉNATEUR
AMÉRICAIN MASON, l'un des chefs-d'œuvre du Maître.

50 Exemplaires de luxe, avec l'eau-forte originale, *avant la
lettre*, sur japon . . . . **60** francs
350 Exemplaires avec l'eau-forte originale, sur papier vergé,
avec la lettre . . . . **35** —
150 Exemplaires sans l'eau-forte . . . . **25** —

A l'apparition de l'ouvrage, le prix en sera porté, pour les exemplaires
de luxe à **80** fr., et les exemplaires ordinaires à **40** fr. et à **30** fr.

BULLETIN DE SOUSCRIPTION

(A renvoyer à M. LOYS DELTEIL, 2, rue des Beaux-Arts)

Je, soussigné, déclare souscrire à ....*exemplaire*

du Tome IVᵉ du PEINTRE-GRAVEUR ILLUSTRÉ, au prix

.... *francs l'exemplaire.*

Signature et Adresse:

DÉSIGNATION

ADRESSES — JEUX — CURIOSITÉS

1. Le Roy, Horloger du Roi, Palais-Royal, n°s 13 et 15 — Cartes et ex-libris — Congé absolu, par Godefroy, d'apr. C. Vernet — Almanach pour 1845 — Jeux du Nouveau Testament et de la Croix. Neuf pièces.

ALIX (P. M.)

2. Charles Linné, d'apr. Roslin. Bonne épreuve, *imp. en couleurs.*

ALOPHE (M.)

3. *Les Danseuses de l'Opéra, costumes des principaux Ballets,* couv. de publ. et 8 pl., *coloriées.*

AUTOGRAPHES

4. Autographes divers : xive siècle, Révolution, Femmes auteurs, etc. Environ 40 pièces. *Ce n° sera divisé.*

BELLANGÉ (H.)

5. Costumes Militaires, 12 pl., *coloriées.*

BELLIARD (Z.)

6. Henri de La Rochejacquelin. Belle épreuve, *avec le timbre*.

BESNARD (P. A.)

7. Quatre têtes de Femmes. Très belle épreuve sur chine, *signée* et *numérotée*.

BESNARD (Robert)

8. Le Pianiste — Têtes de Femmes — Jeunes Gens — Le Cheval. Six pièces. Très belles épreuves, *signées* (tirées à 20).

BODMER (Karl)

9. Les Faisans dans la forêt — Aigle planant — Pigeon couché sur son nid, etc. Huit pièces. Belles épreuves sur chine.

BOILLY (J.)

10. Portraits des Membres de l'Institut Royal de France, 125 pl.

BOILVIN (Émile)

11. Assemblée dans un Parc, d'apr. Watteau. Deux superbes épreuves d'état, une à l'*eau-forte pure*.

BOISSIEU (J. J. de)

12. Sujets divers et Paysages, 31 pl., plusieurs très belles.

BONINGTON (R. P.)

13. Rue du Gros-Horloge, Rouen. Belle épreuve sur chine.

14. Eglise S' Sauveur, à Caen. Très belle épreuve.

15. Restes et fragments d'architecture : Bergues, tour du Marché — Vue prise sur la route de Calais — Beauvais, maison de Sᵗᵉ Véronique — Rouen, entrée de la salle des Pas-Perdus (Palais de Justice). Quatre pièces. Belles épreuves.

16. Croix de Moulin les Planches — Le Matin — Un gros temps, d'apr. Mamby — Ruines du château d'Arlay — Eglise Sᵗ Taurin, Evreux. Cinq pièces. Belles épreuves.

BORREL (Marius)

17. Le Bucheron et la Mort — Le vieux pêcheur — Vue de la Terrasse — Lilly. Quatre pièces. Très belles épreuves, *signées* et *numérotées*.

BOUCHER (d'après F.)

18. Le Sommeil de l'Amour, par Michel. Belle épreuve. On y a joint 2 dessins d'après Pillement.

19. Le Goûter de l'Automne — L'Obéissance récompensée. Deux pièces, par R. Gaillard, se faisant pendants. Belles épreuves de tirage postérieur.

20. Le Messager discret — Le Berger récompensé. Deux pièces, par R. Gaillard. Belles épreuves de tirage postérieur.

21. Les Sabots — La Fécondité. Deux pièces, par R. Gaillard, se faisant pendants. Belles épreuves du tirage postérieur.

22. Vénus et les Amours, par R. Gaillard. Belle épreuve du tirage postérieur.

23. La Femme patiente — Le Midy — La Bergère attentive — L'Amour au bain — Les Nimphes au bain — Le Magnifique. Six pièces par Elluin, Dugy, Larmessin, etc. Bonnes épreuves.

24. Le Savoyard, par Haïd, épr. *coloriée* et vernie. Encadrée.

BRACQUEMOND (F.)

25. Bracquemond, par Rajon — Les Trembles, *av. l. l.* Deux pièces. Belles épreuves.

26. Les Taupes. Belle épreuve, *avec* l'adresse de Pierron. Rare.

27. Le Fou qui vend la sagesse (109) — Adresse de Delâtre (517), 3 états. — Eaux-Fortes, par Bracquemond, 1854, couverture (133) — Don Quichotte, d'apr. Goya, etc. Neuf pièces. Belles épreuves.

28. Le Haut d'un battant de porte (110) — Les Taupes (134). Deux pièces. Bonnes épreuves.

29. Meyer-Heine — E. Vernier — Pasteur — Castagnary — Jean Dolent. Cinq pièces. Belles épreuves, 3 *avant la lettre.*

30. Le Nouveau-né, d'apr. J. F. Millet (786). Très belle et fort rare épreuve du 4ᵉ état (sur 7), avec *dédicace.*

BRACQUEMOND, WACQUEZ, BRANDON, LABHARDT

31. Souvenir de Nice — Forêt de Fontainebleau — Croquis divers, 5 pl.

BRESDIN (Rodolphe)

32. Le Bon Samaritain. Très belle épreuve, sans marge.

BRESDIN (R.) — HERVIER (A.)

33. Paysages — Mon Rêve — Revue fantaisiste — Les deux Barques. Six pièces. Belles épreuves.

BROWN (John Lewis)

34. Le Maréchal de Conflans inspectant les côtes de Bretagne — La Promenade. Deux pièces. Très belles épreuves, la 1ʳᵉ *signée.*

BUHOT (F.)

35. Buhot, par Loys Delteil — Frontispice pour l'*Illustration nouvelle* (124) — Frontispice pour les *Zigzags d'un curieux* (172), 2° état (sur 4) Trois belles épreuves.

36. Le Retour des artistes (125). Belle épreuve, *avant la lettre*.

37. La Dame aux Cygnes (144) — L'Angélus (72) — Vieux chantier à Rochester, 2 épr. biffées. Quatre pièces. Belles épreuves.

38. Les Anes de la butte aux cailles (74) — L'Orage, d'apr. Constable (145 — 2° état sur 3). Deux pièces. Très belles épreuves, la seconde sur japon.

BUHOT, MAUFRA, RŒDEL, LUCE, etc.

39. Sujets divers et Paysages. Onze pièces. Belles épreuves.

CALAME (Alexandre)

40. Paysages (Sites de la Suisse). Quarante-deux lithographies. Très belles épreuves.

CALAME — CHARLET — ISABEY

41. Portraits, Paysages et Marines, 10 pl. Belles épreuves.

CANALETTO (Ant.)

42. Al Dolo (4). Belle épreuve.

43. La Maison à l'inscription et le Péristyle à six colonnes (12-13), 2° état de la pl. coupée en deux et tirée sur la même feuille. Très belle épreuve.

44. Le Pélerin en prière (24). — Le Paysage alpestre (19). Deux pièces. Belles épreuves (une tachée).

CHARLET (N. T.)

45. Le Drapeau défendu (La C. 42 R). Très belle épreuve.

46. Réjouissances publiques (293) — Aux vieux grognards... (277) — Papa Nanan... (297 R) — La Maison du Garde-chasse (640) — C'est lui (458) — Sire, c'est à Austerlick... (321). Six pièces. Belles épreuves.

CHARLET — DETAILLE

47. L'Empereur en campagne — Croquis — Cavalier bavarois, très rare. Trois pièces. Belles épreuves.

CHARPENTIER (Alex.)

48. En Zélande, suite complète de 1 frontispice et 6 pl. lithographies gaufrées, tirées en couleurs, *signées* et *numérotées.*

CHAUVEL (Th.)

49. *Autum leaves,* d'apr. Vicat Cole. Très belle épreuve d'état, sur japon.

50. Le Pont de Grez, d'apr. Corot. Très belle épreuve, *avant la lettre,* sur chine, *signée* et *timbrée.*

CHÉRET (Jules)

51. Affiches illustrées — Ronde d'enfants — Femme au tambourin. Trois pièces. Très belles épreuves d'essai (deux tirées en sanguine).

CHODOWIECKI (Daniel)

52. *Ziethen sitzend vor seinem Konig den 25ten januar 1875...* In-fol. Belle épreuve.

COCHIN Fils — STRANGE — LE GOUAZ

53. Mme de Pompadour en femme savante, vignette d'après C. Natoire — *Parmigiani Amica*, d'apr. Parmesan — Embarquement de la jeune Grecque, d'apr. J. Vernet. Trois pièces. Très belles épreuves.

COROT (J. B. C.)

54. Campagne boisée (8). Belle épreuve, *avec* l'adresse de Delâtre.

55. Dans les Dunes, souvenir du bois de La Haye (9). Très belle épreuve.

56. L'Artiste en Italie (3205), épreuve sens inversé.

57. Environs de Rome — Souvenir d'Italie — Paysage d'Italie. Trois pièces (2 ont la lettre effacée). Belles épreuves.

COROT — HUET — MERYON

58. Paysage, fac-simile — Les Saules, cliché-verre — Ministère de la Marine — Le Pilote de Tonga. Cinq pièces. Belles épreuves.

COROT, ROUSSEAU & TROYON (d'après)

59. Paysages, 23 pl. par divers artistes, la plupart *avant la lettre*.

COSTUMES

60. Costume Parisien, an 9, 10 et 13, 41 planches *coloriées* (plusieurs tachées).

61. Costumes civils et militaires, modes, 28 pl., la plupart *coloriées*.

CRANACH (Lucas)

62. Le Jugement de Paris, épreuve manquant de conservation.

DAUBIGNY (C. F.)

63. Comment naissent les villes — Castel Gélos, *non décrit* — Le Verger, etc. Six pièces. Belles épreuves.

64. Le Gué, 2 états — L'approche de l'orage — Parc à moutons le matin — S' Jérôme, etc. Sept pièces. Belles épreuves.

65. L'Approche de l'orage — Lever de lune — Temps d'orage — L'Automne — S' Jérôme — Le Guet du chien, etc. Huit pièces. Belles épreuves.

66. Environs de Choisy-le-Roi — Temps d'orage — Vue prise au Bas-Meudon — Forêt de Montmorency — Pommiers à Auvers, etc. Neuf pièces. Belles épreuves.

67. Vignettes — Le Lai des deux Amants — Couverture des eaux-fortes, 3 états, etc. Quatorze pièces.

DAUMIER (H.)

68. Rue Transnonain. Belle épreuve, remmargée (petite restauration).

69. Souvenir de S'* Pélagie, grande pl. Bonne épreuve. Rare.

70. Nous n'avons pas la croix, nous. Belle épreuve, *coloriée*. Rare.

71. Vous avez la parole... Belle épreuve.

DAVID (Jules)

72. Vice et Vertu, suite complète de 12 pl., dans la couv. de publ.

DEBUCOURT (P. L.)

73. La Mariée, d'apr. Duval Le Camus (517). Grand in-fol. Belle épreuve.

N° 55 du Catalogue.

74. La Servante congédiée (500) — La Mode (501) —
Costume russe, d'apr. Norblin. Trois pièces.
Belles épreuves. On y a joint une lith. de
Mme Haudebourt et des papiers à en-tête de la
Révolution.

DELACROIX (Eug.)

75. Jeune Tigre jouant avec sa mère. Belle épreuve
du 1er état (piquée).

76. Planche de Médailles, 1er état (43) — Lion dévorant un cheval (56). Deux pièces. Belles épreuves.

77. Weislingen prisonnier de Goetz — Fronte-bœuf
et le Juif — Tigre couché dans le désert, etc.
Dix pièces par et d'après Delacroix. Belles
épreuves.

78. Médailles — Caricatures — Sujets divers, seize
pièces.

DELACROIX (Eug.) — BOULANGER (L.)

79. Un Forgeron — Arabes d'Oran — Sujets divers.
Dix pièces. Belles épreuves.

DELACROIX (Eug.) — DECAMPS — HERVIER

80. Tigre couché dans le désert — Anes sous le toit
— Environs de Caen, etc. Cinq pièces. Belles
épreuves.

DELATRE (Eugène)

81. Brumes sur la Sarthe — Les Pommiers. Deux pièces. Très belles épreuves, *imp. en couleurs,
signées* et *numérotées.*

82. Au Mans — Entrée du village St Julien-le-Pauvre.
Deux pièces. Très belles épreuves, *imp. en
couleurs, signées* et *numérotées.*

DEMARTEAU (G)

83. La Ste Vierge — La Madeleine. Deux pl., d'après
Vincent, se faisant pendants. Belles épreuves,
imp. en trois tons.

DESBOUTIN (M.)

84. Cherfils (H. B. 41). Belle épreuve d'essai.

DEVÉRIA (Ach.)

85. Sujets divers, Portraits et Costumes, 15 pièces.

DEVÉRIA — GAVARNI — MONNIER

86. Abel-Rémusat — Les Femmes — Chansons de Béranger, etc., 7 pl. *(3 coloriées)*.

DEVÉRIA — GÉRICAULT — RAFFET

87. A. Dumas assis sur un canapé — Deux chevaux gris pommelé qu'on promène — La Poste royale. Trois pièces (2 manquent de conservation).

DILLON (H. P.)

88. *Elles*, couverture ill. et suite complète de 6 pl., *signées* et *numérotées*.

89. Le Joueur de mandoline — La Berge du Louvre. Deux pièces. Belles épreuves, signées ou timbrées, la seconde *imp. en couleurs*.

90. L'Atelier — Le Marchand de ballons. Deux pièces. Très belles épreuves sur chine, la 1ʳᵉ *signée*.

DIVERS

91. La Danse — Portrait de Femme — Hôtel de Ville de Paris, par Janinet, etc. Cinq estampes et dessins.

92. Sᵗᵉ Famille, par Lorichon, d'apr. Raphaël — Enlèvement de Déjanire, par Bervic, d'apr. le Guide — Mˡˡᵉ de Lavallière, par G. Maile, d'apr. Goubaud — Le Couché, par Chaponnier, d'apr. Vanloo — Bacha faisant peindre sa maîtresse, par Lépicié, d'apr. Vanloo. Cinq pièces.

93. *Cent jours de la Vie d'un Grand homme*, par V.
Adam, couverture — Mme de Connyngham — La
Violoniste, par A. Charpentier — Bienfaisance
du Roi Louis-Philippe, par Marin Lavigne, etc.
Six pièces. Belles épreuves.

94. La Peste, par Marc-Antoine, d'apr. Raphaël —
C. Le Conte, par C. Meryon — Divers, par Dau-
mier, Veber, etc. — Fac-simile d'un dessin de
Meissonier. Neuf pièces.

95. Portraits, sujets divers et Paysages, 21 pl. par
Denon, Géricault, Isabey, Strang, Chifflart et
autres. Belles épreuves.

96. Vues de Paris, 2 pl. d'apr. Callot — Comptez sur
mes sermens, par A. de St Aubin — Les Chats,
peinture.

97. L'Eau-forte en 1875, 40 pl. par Legros, Detaille,
etc. -- Histoire du Siècle, d'apr. Stevens et
Gervex, etc.

98. La Légende du Juif errant, ill. de Doré, exempl.
débroché et défraîchi — Vues d'Optique — Sujets
divers, d'apr. Teniers, Ostade, C. Vernet — Bo-
naparte, par Tassaert.

99. Maaslins, par Jongkind — Fabvier, par Maurin —
Vignettes pour Béranger — Scène du moyen-
âge, aquarelle par Legrand.

100. La Colère du Portier — C'en est fait je me marie
— Les Amusements d'hiver, etc. Neuf pl. y compris 4 reproductions, la plupart *coloriées*.

101. A Charlet, le peuple, 30 décembre 1845, par
Bellangé — L'Amende honorable, par Jouy, 1839
— Paysage, par Thornley, d'apr. Corot — Mlle
Mayer, Mme Antony, par Sirouy, d'apr. Prudhon.
Cinq pièces. Belles épreuves, deux états, *signées*.

102. La Leçon de tricot et les œufs sur le plat, par
Ribot — Promenade hors les murs, par Leys —
Danseuse, par Bottini-Zée — Le Verger, par P.
Bonnard — The Chap, par Lautrec. Cinq pièces.
Belles épreuves.

103. Vues de Paris et de France, Documents industriels,
61 pl.

104. Sacre de Louis XIV, par Le Pautre, 1 pl. — Statue
équestre de Louis XV, grand in-fol. *avant t. l.*
— Episode de la Vie de Frédéric II, par Cho-
dowiecki, épr. rognée — Le Zéphir, par Laugier,
d'apr. Prudhon — Tombera-t-il, par Levachez,
d'apr. C. Vernet. Six pièces. Belles épreuves.

105. Une Soirée chez Mme Geoffrin, par Debucourt (épr.
rognée et doublée) — *Ah! si qua Fata aspera!*
par R. Strange, d'apr. B. West — Vignettes, par
Le Mire et Giraud le jeune, à l'état d'eau-forte —
Page d'antiphonaire. Sept pièces.

106. Mme d'Avenant, par Smith, d'apr. Kneller — Sujets
divers, Paysages, par Meryon, Corot, Lançon,
Rassenfosse. Ensemble 8 pl.

107. Les Bicyclistes, par Steinlen — Eventail, par Louis
Morin — Tête de femme, par O. Redon — La
Jolie fille de la garde, par C. Nanteuil — Le
Corbeau, par Manet (3 pl. sur 5), etc. Dix pièces.

108. Le Matin, par Fillœul — Charlotte et Werther,
2 pl. d'après J. Northcote — Costumes — Napo-
léon exposé sur son lit de camp d'Austerlitz, etc.
Onze pièces.

109. Sujets divers et Paysages, 11 pl., par Doré, Dau-
bigny, H. Vernet, M. Lalanne et autres. Belles
épreuves.

110. Sujets divers — Objets d'art — Paysages. Dix-
sept pièces, par D. Tiepolo, S. Haden, Jacque-
mart, Desboutin, Flameng, etc. Belles épreuves.

111. Sujets divers, Portraits, etc., 30 pl. par C. Vernet,
Nanteuil, Bonvin et autres.

112. Animaux, 31 pl. anciennes et modernes.

113. Sujets gracieux et divers, 35 pl., la plupart du
XVIIIe siècle.

114. Vignettes — Sujets divers et Paysages, par Bois-
    sieu, C. Vernet, Ch. Jacque, etc., 39 pl.

115. Sujets religieux et divers — Paysages et Animaux,
    53 pl. par ou d'apr. Durer, Goltzius, Visscher,
    M. de Ravenne, Berghem, etc.

116. En-têtes, culs-de-lampes, etc., 65 pl., la plupart
    anciennes.

117. Sujets divers, Portraits, etc., environ 100 pl., anc.
    et mod.

118. Sujets divers, Paysages, 100 pl. anc. et mod.

119. Sujets divers — Frontispices — Paysages — Cos-
    tumes, etc., environ 130 pl. et photographies.

120. Sous ce numéro il sera vendu par lots, plusieurs
    milliers de gravures et de dessins.

121. Sous ce numéro il sera vendu quelques lots d'es-
    tampes, ornements, documents, etc.

DORÉ (Gustave)

122. Le Néophyte (H. B. 34). Grand in-fol. Très belle
    épreuve, *avant la lettre*, sur chine.

123. Lion couché · Le Combat, scène de l'Arioste.
    Deux pièces. Belles épreuves.

124. Son portrait, par Lafosse et Piguet — Les Déni-
    cheurs d'aigles · Chasse au sanglier — Andro-
    mède — Fakirs — Titres de Romances — L'Alsa-
    cienne au cimetière. Dix pièces. Très belles
    épreuves, plusieurs *avant la lettre*.

DRANER

125. Souvenirs de l'Exposition Universelle de 1867,
    10 pl. *coloriées* (courtes de marges).

DUPLESSI-BERTAUX (J.)

126. Almanach (manque Janvier), soit 11 pièces.

DUPRÉ (Jules)

127. Moulin de la Sologne (L. D. 2) — Vue prise en
Normandie (3)   Bords de la Somme (6) — Vue
prise à Alençon (7). Six pièces. Très belles
épreuves, du *1ᵉ tirage*.

DUPRÉ (J.) — HERVIER (A.)

128. Paysages. Neuf pièces. Belles épreuves.

DURER et REMBRANDT (d'après)

129. Sujets divers, 20 pl. copies.

DYCK (Ant. van)

130. Cornelissen (A.) — Snellinex (J.), 2ᵉ pl. — Triest
(A.) — Gustave Adolphe. Quatre pièces par
Pontius, Vorstermann et P. de Jode, une *avec
l'adresse d'Enden*. Belles épreuves.

EAUX-FORTES MODERNES

131. La Vedette, par H. Bellangé, 1831, rare — Scène
de théâtre, par Renouard — L'Ouragan, par
Jeanniot — Brume sur la mer, par H. Guérard.
Quatre pièces. Très belles épreuves.

132. Espagnol — Paysages. Cinq pl. par Legros,
Meryon, Jacque et Hervier. Belles épreuves
(2 av. la lettre).

133. Portraits et sujets divers. 13 pl. par Decamps,
Leys, Bonnat et autres. Belles épreuves.

134. Sujets divers et Paysages. 40 pl. par Jacque, Bracquemond, Vollon, etc.

135. Portraits, Sujets divers et Paysages, 90 pl., la plupart avant la lettre, sur parchemin ou japon.

ÉCOLES ANCIENNES

136. Sujets divers, 12 pl. par ou d'apr. Durer, Callot,
Goltzius, Visscher, etc.

137. Portraits, Sujets divers, Paysages, 10 pièces par
Ostade, A. van de Velde, Zeeman, Piranesi,
Goltzius, etc.

138. Sujets divers — Ornements, 25 pl. par divers
artistes.

ÉCOLES FLAMANDE ET HOLLANDAISE

139. Silène ivre — La Nuit — Le Jour — Pastorale —
La Nativité, etc. Sept pl. par Suyderhof, Sade-
ler, Falck, d'apr. Rubens, Sandrart, Spranger.
Belles épreuves.

140. Sujets divers, Costumes, Paysages et Animaux,
90 pl. par ou d'ap. Lucas de Leyde, Berghem,
Potter, Goltzius, etc.

ÉCOLES FRANÇAISE ET ANGLAISE

141. La Bergère couronnée - L'Éplucheuse de salade
— Vénus et Junon — Qui pourroit à Philis —
Le Devin de village — L'Amour couronné par
les Grâces. Six pièces d'apr. Huet, Jeaurat,
Cipriani, etc., par Chaponnier, Beauvarlet et
autres. Bonnes épreuves.

142. On y court plus d'un danger - L'Agneau chéri —
Femme russe — Les Conseils maternels — La
Mère indulgente. Cinq pièces par Patas, Le Veau,
Demarteau et Lempereur, d'apr. L. Moreau,
Loutherbourg, Le Prince et Wille fils.

143. A. *Soaker...* — *The Same to you sir...* — Le
Modèle à barbe — Gardes du corps (Autriche) —
Le Présent. Cinq pièces par Huet, Debucourt,
Vidal, Le Fevre, d'apr. M. E., C. Vernet et
Mlle Gérard (2 manquent de conservation).

144. Vue des environs de Dantzick — La Tendre
amitié — Ce qui est bon à prendre est bon à
garder, etc. 6 pl. par Bonnet, Demonchy, Chaponnier, etc , d'apr. J. B. Huet, Hoin, etc., une
imp. en couleurs.

145. *Rural employment* — Pie VI, par Alix. Deux pièces, la seconde *imp. en couleurs* (sans marges).

ÉCOLE ITALIENNE (XVI siècle)

146. S¹ Georges, par E. Vico, 1542 — Hercule Farnèse, par G. Ghisi — S¹ Jérôme, par A. Carrache — Les Vendangeurs, par le Maître H. F. E. Quatre pièces. Belles épreuves.

EISEN (d'après Ch.)

147. En-têtes des *Baisers*, de Dorat. Cinq pièces. Très rares épreuves *avant le texte au verso* (quelques mouillures).

EISEN et FREUDEBERG (d'après)

148. L'Attente du moment — La petite Espiègle — Le Présent du Fermier. Trois pièces par Halbou, Cathelin et Le Beau.

ESTAMPES JAPONAISES

149. Sujets divers, 7 pl. et 1 triptyque.

150. Sujets divers, 62 planches par Outamaro, Koriousaï, Hiroschigé, etc.

ESTAMPE MODERNE (L')

151. Sujets divers, 15 pl., compositions de Fantin-Latour, Lautrec, Willette, Berton, etc., épr. de l'édition de luxe.

EVERDINGEN (A. van)

152. Paysages. Vingt-trois pièces. Belles épreuves.

FANTIN-LATOUR (H.)

153. Hommage à Victor Hugo. Belle épreuve, *signée*.

154. Pleureuse. Trois belles épreuves sur chine.

155. A Berlioz, petite pl. (120) 3ᵉ état — Sara la baigneuse (84). Deux pièces. Belles épreuves (la 1ʳᵉ signée).

156. Compositions pour le Wagner, de Jullien — Le Mage et Fatime, etc. Six pièces. Belles épreuves sur chine.

FLAMENG (L.)

157. Portraits et sujets divers, d'après Rembrandt, Goya, La Tour, Bonington, Delacroix, Prudhon, etc. Trente pièces. Très belles épreuves, plusieurs *avant la lettre*.

FRAGONARD (d'apr. H.)

158. Sujets gracieux, 4 pl. *av¹ l. l.*, par Monziès, Courtry, etc.

FRANÇAIS (F. L.)

159. Vue prise à Nepi. Très belle et rare épreuve d'essai, *avec salissures* en marge.

GAILLARD (C. F.)

160. L'Homme à l'œillet, d'apr. Van Eyck (25). Belle épreuve.

161. Comte de Chambord. Belle épreuve, sur chine.

GAVARNI

162. Le Pᶜᵉ Jérôme (75 R -- 2ᵉ état) — De Belleyme (76 R -- 2ᵉ état) — F. Sauvage (78 R — 2ᵉ état) — J. B. Isabey (80 R). Quatre pièces. Belles épreuves sur chine.

163. Les Forts de la Halle (sans marges) — La Morale en Images, nᵒ 20 — Un Bal à la Chaussée d'Antin — Un attelage de porteurs d'eau, etc. Dix pièces. Belles épreuves.

164. Les Toquades, 18 planches (d'une suite de 20). Très belles épreuves sur chine (piqûres en marges).

165. ŒUVRES NOUVELLES : (Propos de Th. Vireloque, Manteau d'Arlequin, Bohêmes, Les Partageux, etc., etc.), réunion de 339 pl. en 8 vol. in-4, cart. d'éd. (Librairie nouvelle).

GAVARNI — GIGOUX

166. M. G. T. Villenave, très rare — Walter Scott — Scènes de genre. Six pièces. Belles épreuves.

GÉRICAULT

167. Etudes de Chevaux, 11 pl. y compris 2 couvertures.

GIGOUX (Jean)

168. Bon Gérard, épr. *avant la lettre*, avec *dédicace* — Sigalon Deux pièces. Belles épreuves.

169. Eug. Renduel, éditeur (159). Très belle épreuve sur chine. Rare.

GONCOURT (J. de)

170. Etudes pour le frontispice de la *Lorette*, grande pl., 2 épreuves — Masque de Rousseau. Trois pièces. Belles épreuves.

GREVEDON (H.)

171. Mme Récamier, d'apr. Gérard — Mlle Prevost, de l'Opéra-Comique. Deux pièces. Belles épreuves sur chine.

172. Les Saisons, 4 pl. — Les Eléments, 3 pl. (sur 4). Ensemble 7 pl. in-folio. Belles épreuves (quelques piqûres).

GREVEDON (H.) — NOËL (Léon)

173. Marie-Amélie, 2 p^{es} diff. — Têtes de femmes. Sept pièces. Belles épreuves.

GUDIN (Th.)

174. Marines et Paysages, 35 pl. y compris plusieurs doubles. Belles épreuves.

HARDING (J. D.)

175. Vues de France (Auvergne, Dauphiné, etc.), 60 pl. y compris des doubles. Très belles épreuves sur chine.

HERVIER (Adolphe)

176. Paysages, Marines, Scènes rustiques, 9 pl. Belles épreuves.

HIMELY — CASTEL — GEOFFROY

177. Gamekeepers Refreshing, d'apr. Jones — L'Ouïe — l'Odorat — L'Automne — L'Hiver. Cinq pièces (3 *coloriées*).

HOLLAR (W.)

178. *Diversæ Insectorum*, suite de 8 pl. — Enfant endormi, d'après le Parmesan. Ensemble 9 pièces.

HUET (Paul)

179. *Six Eaux-fortes par P. Huet* (58-64), frontispice (av¹ l. l.) et 5 pl. (manque la pl. 2) en belles épreuves sur chine, sauf trois sans marges, mais très belles.

180. Le Héron (55) — Le Midi (66) — Vue prise dans le bois de La Haye (69). Trois pièces. Belles épreuves.

181. Le Torrent — Le Passage du gué. Deux clichés-verre. Belles épreuves.

IMAGERIE POPULAIRE

182. Sujets religieux, 104 pl., coloriées, de la fabrique de Pellerin, à Epinal.

INGRES (d'apr.)

183. L'Angélique, 3 états — La Source — L'Odalisque au harem — Mme Devauçay. Neuf pièces, par L. Flameng. Très belles épreuves sur chine (4 *avant l. l.*).

ISABEY (Eugène)

184. Vue de Caen (sur chine) — Retour au Port — Radoub d'une barque à marée basse — Croquis par divers artistes, etc. Sept pièces, plusieurs en très belles épreuves.

185. Marines diverses, 14 pl., plusieurs doubles.

186. *Croquis par divers artistes*, pl. 28, épreuves *avant* et avec la lettre — pl. 66, épreuves *avant* et avec la lettre, soit quatre pièces. Très belles épreuves.

187. Côte de Douvres (43-44) — Château de Blaye (45) — Marée basse (55-56). Cinq pièces. Belles épreuves.

188. Environs de Dieppe — Marée basse — Eglise St Jean, Thiers. Trois pièces. Belles épreuves sur chine.

189. *Croquis par divers artistes*, pl. 5, 6 (2 diff.), 13, 27, 43, 44, 53, 54, 66, 69, 70, soit douze pièces, une sur chine. Très belles épreuves.

JACQUE (Ch.)

190. Planche aux 7 sujets, 1er état, très rare — Les Chanteurs. Deux pièces. Belles épreuves.

191. Le Buisson Kercassier — Les deux Chaumières Kercassier — La petite Chaumière Kercassier. Trois pièces. Très belles épreuves.

192. Une Cour à Paris — La Basse-Cour — Le Hameau — Gardeuse de Dindons. Quatre pièces, 3 *avant la lettre*.

193. La Truffière (85) — Chaumière de paysans (78) —
Cour de Ferme — Une Ferme (189) — Les petites
Chaumières Kercassier (233). Cinq pièces. Belles
épreuves.

194. Poisson et tête de petite Fille (461) — Tête de
coq — Quatre Oiseaux au vol (468) — Le
Pêcheur — Crépuscule poétique. Cinq pièces.
Belles épreuves.

195. Paysage et animaux (82) — Soir (94) — La Rue de
Barbizon (152) — Le Matin (186) — L'Hiver (195)
— Une habitation rustique (200). Six pièces. Très
belles épreuves *avant la lettre*.

196. La Rentrée du troupeau — Ousse — Moutons à
l'abreuvoir — La petite Vachère, etc. Six pièces.
Belles épreuves.

197. Au Puits (5) — Joueur d'orgue (21) — La Cruche
cassée (27) — Mendiant (29), 2 états — Paysage
(30) — Mendiant (31) — Environ d'Asnières (35)
— Deux cochons (42). Neuf pièces. Belles
épreuves.

198. Champ de blé (44) — Coin de ferme (51) — Porte
de Chaumière (52) — Joueur de guitare (64) —
Hiver (66) — Chaumières (69, 72) — Le Rémou-
leur — La Souricière.

199. Scènes rustiques et Paysages, 20 pl. Belles
épreuves.

200. Scènes rustiques et Paysages, 22 pièces.

201. Album factice composé de 1 titre et 23 planches,
parmi lesquelles : Le Cavalier, Les Vaches à
l'abreuvoir, La Truffière, Le Soir, etc., en épr.
sur chine — 1 vol. in-4, cart.

202. Sujets rustiques et Paysages, 44 pl. en carton.

JACQUEMART (J.)

203. Le Défilé de Nancy, d'après E. Meissonier. Très
belle épreuve.

204. Les Quatre Éléments (342-347), couverture, frontispice et suite de 4 pl. Belles épreuves.

205. Huit études et compositions de fleurs, 1862. Suite complète. Belles épreuves.

206. Trépied de Gouthière — Armes du XVIᵉ siècle — Objets d'art. Onze pièces, plusieurs *avant la lettre*, d'autres avec caches. Belles épreuves.

207. Armes de M. de Nieuwerkerque, 2 pl. — Trépied de Gouthière — Montre du XVIᵉ siècle — Vases. Sept pièces. Très belles épreuves, la plupart *avant la lettre*.

208. Titre pour un Album de la Société des Aqua-fortistes, 1ʳᵉ année — Une Génoise — Souvenirs de voyage — La Ville et la Campagne — L'Ecureuil et la Mouche. Six pièces. Très belles épreuves, deux *avant la lettre*.

209. Portraits, sujets, vues, objets d'art. Dix pièces. Très belles épreuves, plusieurs *avant la lettre*.

210. Portraits et sujets divers, d'après les Maîtres anciens. Dix pièces. Très belles épreuves *avant la lettre*.

211. Buste de Henri III — Miroir Français du XVIᵉ siècle — Armes du XVIᵉ siècle — Trépied de Gouthière — W. van Heythuijsen, d'apr. Hals — Bijoux du XVIᵉ siècle. etc. Quatorze pièces. Belles épreuves.

JEUX

212. Le Jeu de la Guerre, par P. Le Pautre — Le Prix d'Histoire Sainte (chez Demonville). Deux pièces rares.

KAUFFMAN (d'apr. Ang.)

213. Apelles et Campaspe — Héloïse et Abeilard — Tombeau de Shakespeare. Trois pièces par Scoromodow, T. Burke, une sans marges, tirée en sanguine.

KRAUS (d'après G. M.)

214. Le Raccommodeur de Fayence — Le Chaudronnier — La Chaufferette. Trois pièces par L. A. de Buigne et C. Le Vasseur. Belles épreuves (2 de tirage postérieur).

LALAUZE (Ad.)

215. Vignettes pour le *Diable boiteux*, 8 pl. essais avec *notes manuscrites du graveur*.

LAMI — MONNIER — PHILIPON

216. Soirée du grand Monde - - Une Soirée à la mode — Les Ridicules, etc. Six pièces (5 *coloriées*).

LANCRET — MOREAU — BAUDOUIN

217. La Terre, par Cochin — La Soirée des Tuileries, par Simonet — La petite Toilette, par Martini. Trois pièces manquant de conservation.

LANE (R. J.)

218. Jameson (M⁰), d'apr. Binggs. Très belle épreuve *avant la lettre*, sur chine.

LAUTREC

219. Le Tocsin. Belle épreuve tirée en ton bleu.

LAVREINCE (d'apr. N.)

220. M⁰ Merteuil et Miss C. Volange, par R. Girard, épreuve *coloriée* sans marges (manque de conservation). Encadrée.

LE CŒUR

221. Londres : Vue générale — Pont de Westminster — Porte du Palais de St James. Trois pièces. Très belles épreuves, *coloriées*.

LECOMTE (Hippolyte)

222. Costumes de divers pays, 58 pl. *coloriées*.

LEFORT (Henri)

223. Tolstoï. Lithographie. Très belle épreuve *avec remarque, signée*.

LEGROS (Alphonse)

224. Les Tourbières, près d'Amiens. Belle épreuve.

LEMUD (Aimé de)

225. Enfance de J. Callot — Les Maraudeurs, 2 épreuves — Le Chevreau (attribué). Quatre pièces. Très belles épreuves sur chine.

LE PAUTRE (J.)

226. Arabesques, frises, vases, 27 planches.

LE PRINCE (d'apr. J. B.)

227. La Rose choisie, par Ligé. Belle épreuve, tirée en 2 tons.

LE RAT (P.)

228. Le Doge Lorédan, d'apr. J. Bellin (H. B. 41). Très belle épreuve *avant la lettre*, sur japon, *avec dédicace*.

LHERMITTE (Léon)

229. La Vierge de Kersaint (H. B. 19) — Marchandes de Poissons, St Malo (21) — L'Epicerie de village (22). Trois pièces. Belles épreuves *avant la lettre*.

LIEBERMANN (Max)

230. Kellergarten in Rosenheim (G. S. 34). Très belle épreuve.

LITHOGRAPHIES

231. Chef arabe appelant au combat — Arabe du désert — Ruben et Pola — Caricatures politiques. Sept pièces par Gros, Hersent, Traviès et Decamps. Belles épreuves.

232. Victor-Emmanuel, par Bayot — Le Conseil de guerre, 1856, par M. Alophe — Pie IX, par N. Maurin — Bataille de Lodi, par E. Lami — Passage du Mt St Bernard, par Géricault — Enfance de Callot, par A. de Lemud — L'Ecole turque, par Sirouy, d'apr. Decamps. Sept pièces. Belles épreuves.

233. Portraits et sujets divers, 23 pl. par Bonington, Devéria, J. David et autres. Belles épreuves.

234. Trente-sept pl. du *Miroir*, par Delacroix (2 pl.), Charlet, Chasselat, etc., la plupart relatives au théâtre.

LITTRET (C. A.)

235. Vue de la Foire de Beaucaire, d'apr. Cleric. Grand in-fol. Belle épreuve (pli).

LUNOIS (Alexandre)

236. Au Théâtre Beaumarchais. Très belle épreuve sur chine, *avec dédicace*.

MACRET (C. F.)

237. Louis XVI — Marie-Antoinette. Deux pl. d'apr. Mme Vigée-Lebrun, épreuves *imp. en couleurs, encadrées*.

MARTINET (F. N.)

238. Recueil d'oiseaux, 300 planches *coloriées*, réunies en 2 vol. in-4°. Dem. rel.

MELLAN — DREVET — St-AUBIN

239. Bude (Henriette de) — (de Mesmes?) — Louis XV — Maria Serre — L. Cars. Cinq pièces. Belles épreuves.

MERYON (Ch.)

240. San Francisco (73). Belle épreuve.

241. Tourelle rue de l'Ecole de Médecine — Ministère de la Marine — Ancien Louvre, d'apr. Zeeman — Passerelle du Pont-au-Change, après l'incendie de 1641. Quatre pièces.

242. Marines, d'apr. Zeeman — Voyage à la Nouvelle-Zélande — Plan du Combat de Sinope, etc. Dix pièces. Belles épreuves.

MERYON — BRACQUEMONT

243. Couverture des Eaux-fortes sur Paris — Margot la critique. Deux pièces. Belles épreuves.

MICHELIN (Jules)

244. — Le Bas-Breau — Les Saules — La Mare, etc. Quatre pièces. Très belles épreuves d'état, *signées*.

245. Paysages divers — Le Moine. Neuf pièces. Belles épreuves.

246. Une mare à Rochecorbou — Après la Pluie — Forêt de Sénart, etc. Six pièces. Belles épreuves.

247. Chênes du Bas-Bréau — Près Brunoy — Rivière d'Yères — Environs de Fontainebleau, etc. Neuf pièces. Très belles épreuves.

248. *Seize gravures à l'eau-forte par Jules Michelin* — Cadart et Chevalier, s. d. Couverture et suite complète de 16 pl. Exempl. *avant la lettre, signé* sur la couv.

249. La même série, couv. et suite complète. Exempl. avec la lettre.

MILLET (J. F.)

250. La Fileuse auvergnate (20). Très belle épreuve.

MILLET (d'après J. F.)

251. Sujets divers et Paysages, 25 pl. par divers artistes, la plupart *avant la lettre*.

MILLET — JONGKIND — ISRAELS

252. La Bouillie (la lettre non encrée) — Maaslins (la lettre effacée) — Enfants sur la plage (av' la l.). Trois pièces.

MONCORNET (B.)

253. Portraits de Personnages célèbres, 142 pièces réunies en 1 vol. in-4, cart. Très belles épreuves, un certain nombre *avant les armoiries*.

MOREAU LE JEUNE — PRUDHON

254. Œuvres de J. J. Rousseau, 5 pl. in-4° par De Launay. Le Mire (3 av' le n°) — Daphnis et Chloé, 3 pl. par B. Roger. Ensemble 8 pl. Très belles épreuves.

MOREAU-NÉLATON (Et.)

255. *Les Béatitudes, 8 Eaux-Fortes.* Suite complète dans la couv. de publ. Très belles épreuves, *signées*.

256. La Prière. Superbe épreuve sur japon, *signée*.

257. Dieu fait fumer la cheminée du pauvre — Les Charrons — Vision — Paysage mystique. Six pièces. Très belles épreuves, *signées*.

MULLER (Alfred)

258. Cleo de Mérode. Très belle épreuve *imp. en couleurs, signée* et *numérotée*.

MUYDEN (Evert van)

259. Deux Singes (A. Curtis 32) — Bœuf romain (68) — Singe assis (129) — Le Père de l'Artiste (132) — Le Chariot embourbé (153) — Deux dragons suisses (158) — Tête de panthère (210) — Via Salava (217) — Les Masques (417). Neuf pièces. Très belles épreuves, signées.

NANTEUIL (Robert)

260. Poncet (P.) — Seguier de St-Brisson — Talon (D.) Le Masle (M.) — Longueil (René de) — Mazarin — Maridat (P. de). Sept pièces. Bonnes épreuves.

NAPOLÉON Ier

261. Vues de Ste Hélène, couverture et suite complète de 4 pl. par Fortier et Aubert, en 1 alb. in-4 obl. cart.

NICHOLSON (W.)

262. La Reine Victoria — Bismarck — Lord Roberts — Whistler — Sara Bernhardt, etc. Six pièces. Belles épreuves.

OPTIQUE

263. Vues de France, Angleterre, Italie, etc., 32 pl. *coloriées*.

ORNEMENTS

264. Le Pautre et divers. Alcôves à la romaine, suite de 6 pl. — Ornements divers. Ensemble 15 pl.

265. Francini (A.) Portes monumentales, 14 pl. Belles épreuves.

266. *Ornements des anciens Maîtres du* xve *au* xviii, *siècle*, 220 pl. recueillies par O. Reynard — Paris, Levy. s. d. — en 2 port. complet. (épr. sur chine appliqué).

267. Fac-simile Baldus, d'apr. Solis, Aldegraver, etc. 31 pl.

268. *Intérieurs d'Appartements Modernes, par Georges Rémon*, 100 pl. y compris des pl. appartenant à un autre ouvrage.

269. Ornements d'après les maîtres anciens et modernes, 130 pl.

PARIS (Estampes sur)

270. De St-Victor : Atlas. Suite de 215 planches sur Paris (y compris un n° *bis*), en 1 vol. in-4, cart. Bel exemplaire (sans le titre).

271. Jeu des Monuments de Paris (chez Bouasse-Lebel) — Les Tuileries, Le Luxembourg, Le Panthéon, par Dubois, d'apr. Courvoisier — Colonne de la G^{de} Armée, par Le Beau — Colonnades du Louvre, par Gaîtte — Chambre des Députés, par Blanchard. Sept pièces. Belles épreuves.

272. Chorographie de la Généralité de Paris, 16 pl. par Martinet (contenant 32 vues). Belles épreuves.

PHOTOGRAPHIES

273. 88 photographies montées, d'après des dessins de Boucher, Greuze, Watteau, Prudhon et divers maîtres du xviiie siècle.

PERCIER et FONTAINE

274. *Recueil de Décorations intérieures, comprenant tout ce qui a rapport à l'ameublement.* — Paris, 1827 — texte et 72 pl. (manque la pl. 14), soit 71 pl. en 1 vol. petit in-fol. marges non coupées.

PIÈCES HISTORIQUES

275. Liste de Messieurs les Députés à l'Assemblée Nationale (1789 et 1790) — Le Gâteau des Rois, d'apr. Le Mire — La Révolution Française, par Copia, d'apr. Fragonard fils, *avant l. l.* — Bataille de Dresde, etc. Neuf pièces.

275 *bis*. Estampe relative à l'avènement de Louis XV
au Trône? In-fol. Belle épreuve (sans marges).

276. Campagne de Crimée, 4 pl. par E. Guérard —
Waterloo, par Lanoy, d'apr. Andrieux, etc. —
D^se d'Angoulême, par Gudin, d'apr. Rouget.
Sept pièces.

PINGRET (Ed.)

277. Costumes Suisses, suite de 36 pl. *coloriées* (manque
2 pl.), soit 34 pièces.

PLATIER (J.)

278. Les jolis petits Visages, suite de 16 pl. — Les
Banquistes, pl. 2 à 8, soit 23 pl. *coloriées*, en
1 alb. in-4 cart. (manque de fraîcheur).

PLOOS VAN AMSTEL

279. Fac-similé de dessins de J. van Goyen, Ruisdaël,
Ostade, Van de Velde, Jordaens et autres. Trente-
trois pièces. Belles épreuves.

PORTRAITS

280. Chassebras (G.) — Poissonnier (P.) — Le Tellier
(M.) — Troy (F. de) — Largillierre (N. de) —
Restout (J.). Six pièces par Lombart, Benoist,
Nanteuil, Moitte, etc. Bonnes épreuves.

281. Boyer d'Aguilles — L. F. Boursier — J. Binck,
etc. Sept pièces par Hondius, Vermeulen et
autres.

282. Herkomer (H.), par lui-même — J. F. Millet, par
Alasonière — Milais, par Waltner — L. Boilly,
par son Fils — C. Vernet, par son Fils. Sept
pièces. Belles épreuves.

283. Rancé (A. J. Boutillier de) — Mabilleau (U. A.) —
Messier (L.) — Moreno (R.) — Pannard — J.
Plevier — Le Rouge (C.) — Rumpf (C.). Huit
pièces par Giffart, Danckerts, Gamot, Gantrel,
etc. Belles épreuves.

284. Louis XIV, pl. *non terminée* — Guise (H. de
Lorraine, duc de) — Franck (J.) — Maugis des
Granges — Somer — L. St. Xavier de France —
Marie J^{ne} Louise de Savoie — J. T. Eller. Huit
pièces par J. Morin, Schmidt, Dupin.

285. Louis XV — Marie Leczinska. Deux pl. in-fol.
Belles épreuves, encadrées.

286. Du Verger d'Auranne — Vintimille (de) — La
Valette (L. de Thomas) — (Verdelot) — Valois
(Adrien de) — Rollin (Ch.) — Quesnel (P.) —
Pitou (P.) — Mazarin. Dix pièces par Schuppen,
Rousselet, Tardieu et autres. Belles épreuves.

287. Portraits anciens et modernes, 300 pièces.

288. Moreno (R.) — Montmorin (G. de) — Blye (J. B.
de) — Fleischbem de Cleeberg — Gery (G. de)
— Frankenberg (J. M. C^{nl}) — Mallier du Hous-
say — de Bourlon — Aranda (Cte d'). Neuf pièces
par R. Nanteuil, Edelinck, Kilian et autres, la
plupart en belles épreuves.

289. Portraits divers, 60 lith. par Gigoux, L. Noel,
Julien et autres.

290. Neel de Christol — Noailles (L. A. de) — Wesseli
(J.) — Valois (Adr. de) — Sorbon (R.) — Séguier
(P.) — Petit (R. P.) — Pedrasa (A. L. de) —
Pisanus (S.), etc. Quinze pièces par Mellan, Dre-
vet, Baléchou et autres.

291. Louis XV, par Thomassin — David, par Jazet —
Choffard, par lui-même — Mme Du Barry, Paoli,
Bocace, etc. Onze pièces, la plupart en belles
épreuves.

292. Louis XVI, par Henriquez — Cte d'Estaing — Car-
teaux, par Tassaert — A. Piron — Rossini —
Talma — Duc de Bordeaux — V. Hugo —
M^{ise} de Montcalm, etc. Seize pièces. Belles
épreuves.

293. Portraits anciens et modernes, 16 pièces.

PRUDHON (P. P.)

294. Une Famille malheureuse. Trois belles épreuves d'états différents.

295. Une Lecture. Très belle épreuve sur chine, *avant* l'adresse de Bertauts.

296. Les Saisons — Les Heures — L'Egratignure — Thémis. Cinq pièces par Jules Boilly. Très belles épreuves, une tirée sur teinte.

297 Sujets divers, 48 pl. diverses y compris quelques photographies.

298. Le Rêve — Joseph et Putiphar — L'Amour — La Liberté — L'Egratignure — Les Saisons. Neuf pièces par J. Boilly, E. Leroux, Anastasi et G. Bellanger. Très belles épreuves.

299. Le Fils de Gouvion-Saint Cyr — Enlèvement d'Europe — La Famille malheureuse — Daphnis et Chloé, etc. Onze pièces par Prudhon, Leroux, Bellanger, etc. Belles épreuves.

RAFFAELLI (J. F.)

300. Bords de la Seine. Très belle épreuve, *imp. en couleurs*, avec la mention : *Tiré par moi et M. Leroy, J. F. Raffaelli*. Encadrée.

301. La Chiffonnière. Très belle épreuve, *imp. en couleurs*, avec la mention : *N° o (Etat). Tiré par moi, J. F. Raffaelli*. Encadrée.

302. La Trinité. Très belle épreuve, *imp. en couleurs, signée* et *numérotée*.

303. Etude de Femme nue — Amour, dans les parcs anglais — Les Fleurs, 1ᵉʳ état. Trois pièces. Belles épreuves, *signées*.

RAFFET (A.)

304. Le Rêve (86). Très belle épreuve, *avant le titre*, sur chine.

305. Le Réveil. Bonne épreuve sur chine.

306. La Revue nocturne. Belle épreuve du 2ᵉ état, sur chine.

307. Feuille de croquis, 1ᵉʳ état (180) — Costumes Militaires (456, 491, 494) — Circassiens — Etat-Major. Six pièces. Belles épreuves.

308. Amable Gihaut (H. G. 5 RR.) — Pᵉ Démidoff (10 RR.) — Bᵒⁿ A. de Marchis (11 RR. — Mᵃˡ Sᵗ Arnaud (15) — Types d'artilleurs français (191 — 1ᵉʳ état RR.). Cinq pièces. Belles épreuves.

309. Charge de hussards républicains — 1813 — Provins — Wâterloo — Le Moral est affecté chez l'Autrichien — Sauve qui peut ! — Couverture pour l'Album de 1833. Sept pièces, six sur chine (mouillures et piqûres à plusieurs pl.).

310. Dernière charge des cuirassiers rouges à Waterloo — Ordre du jour — Ils grognaient et le suivaient toujours. Trois pièces. Très belles épreuves (la dernière *remontée*).

311. Raffet, par lui-même — Planches 2 et 4 de la Prise de Constantine — Pl. 35, 38, 43, 77 et 84 du Voyage dans la Russie Méridionale. Belles épreuves.

312. Petit Club aristocratique... — 1813 — 13 Vendémiaire — Le Lendemain — Croquis divers. Dix pièces Belles épreuves.

313. Vignettes pour divers ouvrages, 95 pl., plusieurs *avant la lettre*.

RAJON (Paul)

314. Rembrandt gravant, d'apr. Gérôme (II. B. 1) — Le Muezzin, d'apr. le même (2) — Lecture de la Bible, d'apr. Brion (17) — Mariage protestant en Alsace, d'apr. le même (18) — Amour platonique, d'apr. Zamacoïs (21). Six pièces. Très belles épreuves.

315. Corps-de-garde au Caire, d'apr. Gérôme (3) — Le
Plan, d'apr. Detaille (22) — L'Etudiant pauvre,
d'apr. Steinheil fils (23) — Rêverie, d'apr. G.
Jacquet (28) — Le Pitre (44) — Petite Alsacienne,
d'apr. Marchal (30). Six pièces. Très belles
épreuves.

316. Le Buveur, d'apr. Seymour Lucas (79). Superbe
épreuve, *avant la lettre*, sur chine, *signée*.

317. Baudry (P.) (146), 2 épr. — Reid (170) — Gower
(lord) (155) — Dr Mallez (137) — Anonyme. Six
pièces. Très belles épreuves.

318. G. Roc, d'apr. Hall (171) — Martineau, d'apr.
Watts, 2 états (162) — Dr Mallez (137) — Anonyme. Sept pièces. Très belles épreuves.

319. Portraits et sujets divers, d'apr. les Maîtres anciens
et modernes. Quatorze pièces. Très belles
épreuves, plusieurs d'état.

RASSENFOSSE (A.)

320. La Blanchisseuse — La Fortune — Au Cabaret —
Femme au parapluie. Quatre pièces, *signées* (une
mal conservée).

REMBRANDT VAN RYN

321. Le Vieillard endormi (189). Très belle épreuve de
la collection Seymour Haden. Rare.

322. L'Adoration des Bergers — Faustus. Deux pièces.
Bonnes épreuves.

323. Gueux et gueuses conversant — Coppenol. Deux
pièces. Belles épreuves (la 2e de tirage postérieur).

324. La Grande Descente de Croix — La Mort de la
Vierge. Deux pièces (réimpressions).

RENOUARD (Paul)

325. A l'Opéra. Suite complète de 30 pl. et préface.
Très belles épreuves, *signées*, cart. de publ.

RIBOT (Th.)

326. *Eaux-fortes par T. Ribot* (cuisiniers). Frontispice et 5 pl.

RIBOT et BONVIN

327. Sujets divers. Sept pl. (par et d'après). Belles épreuves.

ROPS (F.)

328. Le Semeur des Paraboles. Très belle épreuve, sur japon.

329. Oude-Kate (60) — Dalécarnienne (66). Deux pièces. Belles épreuves.

ROUSSEAU (Th.)

330. Fac-simile et photographies, d'apr. les œuvres de Rousseau, 18 pl.

RUISDAEL (J.)

331. Le Petit Pont — La Chaumière au sommet de la colline. Deux pièces. Belles épreuves.

SAENREDAM (J.)

332. Les Vierges sages et les Vierges folles, suite complète de 5 pl. (2 en très belles épreuves).

SAINT-AUBIN (d'après A. de)

333. Le Bal paré, reproduction moderne.

SAINT-ELME — GAUTIER

334. Antiquités — Objets d'art — Ornements. Un lot.

SAINT-MARCEL (Edme)

335. Tigre dévorant un cheval, d'apr. E. Delacroix. Trois très belles épreuves (2 d'état différent).

St-SAUVEUR

336. Actions mémorables de la Révolution Française,
4 pl. par Labrousse, avec texte — L'Antique
Rome 2 frontispices et 15 pl. Ensemble 21 pl.
coloriées.

SCHALL (d'apr. F.)

337. Le Modèle disposé, par A. Chaponnier. Belle
épreuve (sans marges).

SUYDERHŒF (Jonas)

338. Schurman (A. Maria), d'apr. Livens (W. 78). Belle
épreuve du 2ᵉ état (sur 3) (doublée).

TISSOT (J. J.)

339. *Ten Etchings by J. I. Tissot*, Londres 1876 — 1 alb.
in-fol., contenant dix pl. Très belles épreuves
dans le cart. de publ. (quelques piqûres).

TITRES DE ROMANCES

340. Titres de romances par E. Delacroix, Hervier,
Gavarni, Devéria, C. Nanteuil, etc., 104 pl.

VIBERT (d'après J. G.)

341. *Œuvres de J. G. Vibert, gravées à l'eau-forte
dans son atelier ou sous sa direction* (par A. Mon-
gin, Gilbert, Monziès, etc.) Paris, 1876. Suite
complète de 10 pl. sur japon, *signées* et *numérotées*, en carton (épr. des pl. biffées, jointes).

VIGNETTES

342. Vignettes, En-têtes, fleurons, 40 pl. du XVIII
siècle.

343. Les Amours pastorales de Daphnis et de Chloé,
1718, 27 pl. (sur 29) par B. Audran, d'apr. Le
Régent. Epreuves à toutes marges.

344. Les Amours pastorales de Daphnis et de Chloé,
1 frontispice et 29 vignettes par Vidal, 1792
d'après le Régent. Belles épreuves à toutes
marges.

345. Vignettes pour Voltaire (*La Henriade, La Pu-
celle*, etc.) 420 pl. de Moreau le Jeune, Desenne,
etc., plusieurs av' l. l.

346. Sous ce numéro, il sera vendu environ 540 vignettes pour les Œuvres de Sterne, Abbé Pré-
vost, J. J. Rousseau, Béranger, Le Sage, le Tasse,
etc., plusieurs *avant la lettre*.

347. Vignettes anciennes et modernes, 115 pl. d'après
Moreau, Marillier, etc., plusieurs tirées hors
texte.

348. Vignettes pour les Chansons de Béranger, 14 pl.
d'après Lemud, Johannot, etc., la plupart *avant
la lettre*.

349. Vignettes pour les *Œuvres poétiques* de Boileau,
édition Hachette, 1880, 23 pl. Très belles épreuves.

VILLON (Jacques)

350. Nègre et Cocotte. Très belle épreuve, *imp. en
couleurs, signée* et *numérotée*.

VISSCHER (Corneille)

351. Motmans (104) — Scriverius (116) — Vosberg (122)
— Isbrandi (97) — Kranenburg (102). Cinq pièces.
Belles épreuves.

VOITURES

352. Voitures, par Duchesne, 5 pl. en double épreuve
(une suite, *coloriée*), soit dix pièces.

353. Sellerie, lanternes, guides, etc., 21 dessins rehaussés d'aquarelle.

VUES

354. Vues de Paris, de France et d'Allemagne, 28 pl.

WALTNER (Ch. Alb.)

355. Le Chasseur, d'apr. Hermann-Léon. Très belle
épreuve, avant la lettre, *signée* et *timbrée*.

WIERIX (Jérôme)

356. Beck (J.) (A. 1597) — Nonius (1991). Deux pièces.
Très belles épreuves.

WILLEMIN (N. X.)

357. Choix de costumes civils et militaires des peuples
de l'Antiquité, leurs Instruments, etc., 110 pl.

WILLETTE (Adolphe)

358. Martyre chrétienne. Deux belles épreuves sur
chine.

ZORN (Anders)

359. Snoilsky. Belle épreuve.

———

DESSINS

ANONYME (XVIIIe Siècle)

360. Paysages avec ruines antiques. Deux aquarelles se
faisant pendants. Encadrées.

ANONYME (XIXe Siècle)

361. Portrait de Xavier de Maîstre? Aux crayons de
couleurs. Sous-verre.

BLOCHE (B.)

362. Sarah Bernhardt, 1888. A l'encre de chine. Avec dédicace de la célèbre tragédienne. Encadré.

BOUCHER (d'après F.)

363. Autel de l'Amitié — La Balançoire. Deux dessins rehaussés. Sous-verre.

CLAIRIN (G.)

364. Le Jeu de Crocket, 1884. A la plume, lavé d'aquarelle. *Signé, dédicace*. Encadré.

CROZIER (P. J.)

365. La Cascade. Gouache. Encadrée (cadre ancien).

DESRAIS (C. L.)

366. Encadrement orné. A la plume, lavé d'encre de chine.

DIVERS

367. Paysages et Marines. Treize dessins par Aug. Flameng, Anastasi, Petitjean, etc.

368. Sujets divers et Paysages. Seize dessins.

DUPRÉ (Jules) — LALANNE (M.)

369. Paysages. Deux dessins, *signés*.

ECOLE FRANÇAISE (XVII* Siècle)

370. Portrait de Jeune Homme, époque Louis XIII. Au crayon noir, rehauts de blanc.

ECOLES ANCIENNES

371. Les Evangélistes — Allégorie. Deux dessins.

372. Episode du Massacre des Innocents — Mise au Tombeau — Jérusalem délivrée. Six dessins ou croquis par Cochin fils et autres.

ECOLE FRANÇAISE (XVIII' Siècle)

373. Le Temple antique. A la pierre d'Italie. Sous-
verre.

FLERS (Camille)

374. Les Falaises. Fusain avec rehauts de gouache.
Signé et daté 1848.

GREUZE (J. B.)

375. Têtes d'Enfants. Deux contre-épreuves de sanguines.

376. Tête de Femme — Pleureuse. Deux contre-épreuves de sanguines.

377. Tête de jeune Femme — Têtes de vieillards. Trois
contre-épreuves de sanguine.

LAMY (Eugène)

378. La Déclaration. Aquarelle, *signée*. Encadrée.

MANDEVARE (Michel)

379. Intérieurs de Parcs. Deux Gouaches. *Signées*. Encadrées.

MICHALOWSKI (P.)

380. Les deux Chevaux au ratelier. Aquarelle, *signée*.
Encadrée.

MILLET (J. F.)

381. Les Chaumières. Croquis à la plume.

MORIN (Louis) — RŒDEL (Aug.)

382. Compositions pour l'illustration d'un ouvrage —
Femme couchée. Quatre dessins, *signés*.

REMBRANDT VAN RYN (attribué à)

383. Prisonnier amené en présence d'un monarque. A la
plume. Collection von Eelking.

RYSSELBERGHE (Theo van)

384. Portrait de Femme. Peinture. Toile. Signée et
datée.

385. Campement de nuit au Tahaddart (Maroc). Impor-
tant dessin au fusain. Encadré.

R. H.

386. La Pièce d'eau — Le Jet d'eau. Deux dessins. Sous-
verre.

STEINLEN (T. A.)

387. Adieu Chiffons, 2 dessins à la plume.

VINCENT (A. P.)

388. Portrait de Femme, 1823, dessin rehaussé. Signé,
encadré.

389. Les estampes et les dessins omis au catalogue.

IMPRIMERIE

FRAZIER-SOYE

153-157, Rue Montmartre

PARIS